Impressum
Verlag: BABADADA GmbH, Nedderfeld 112 , 22529 Hamburg
Geschäftsführer / Verlagsleitung: Harald Hof
Druck: Books on Demand GmbH, In de Tarpen 42, 22848 Norderstedt

Imprint
Publisher: BABADADA GmbH, Nedderfeld 112 , 22529 Hamburg, Germany
Managing Director / Publishing direction: Harald Hof
Print: Books on Demand GmbH, In de Tarpen 42, 22848 Norderstedt

ليكول

koulu

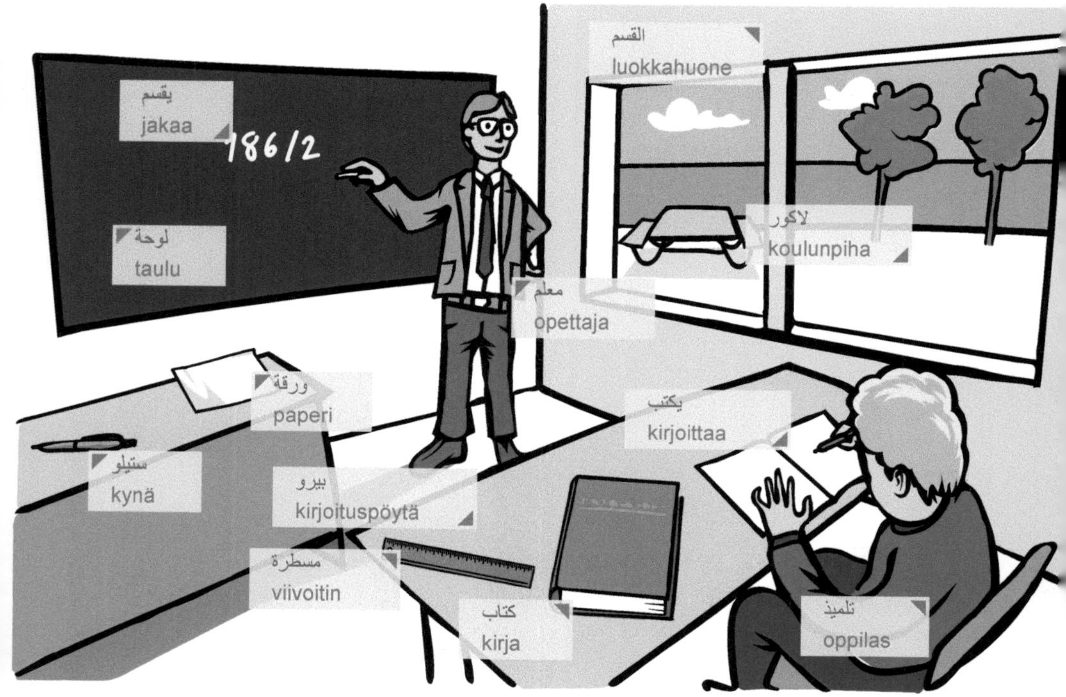

القسم
luokkahuone
يقسم
jakaa
186/2
لوحة
taulu
لاكور
koulunpiha
معلم
opettaja
ورقة
paperi
يكتب
kirjoittaa
ستيلو
kynä
بيرو
kirjoituspöytä
مسطرة
viivoitin
كتاب
kirja
تلميذ
oppilas

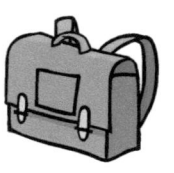

كرطاب
reppu

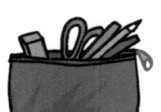

المقلمة
penaali

قلم الرصاص
lyijykynä

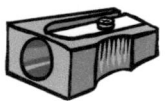

منجارة
kynänteroitin

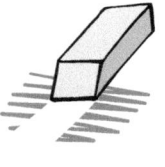

ممحا
pyyhekumi

الكايي تاع الرسم
piirustuslehtiö

الرسم

piirustus

البانسو

pensseli

باتير

vesivärit

مقص

sakset

كولا

liima

كايي تاع التمارين

harjoituskirja

الواجبات

kotitehtävä

12

النيميرو

luku

2+2

يجمع

lisätä

5-2

يطرح

vähentää

2×2

يضرب

kertoa

يحسب

laskea

A

الحرف

kirjain

ABCDEFG HIJKLMN OPQRSTU VWXYZ

الحروف

aakkoset

كلمة

sana

النص

teksti

يقرا

lukea

طباشير

liitu

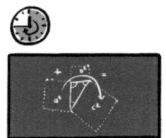

الدرس

oppitunti

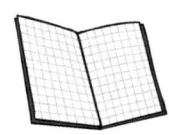

دفتر المدرسي

opettajan muistikirja

اِمتِحان

koe

سرتفيكا

todistus

اللبسة تاع ليكول

koulupuku

التعليم

koulutus

ليكسيك

sanakirja

الجامعة

yliopisto

المجهر

mikroskooppi

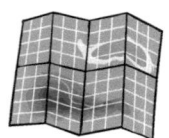

الخريطة

kartta

بوبال

roskakori

فواياج
matka

Grand
اوتال
hotelli
بيت الشباب
retkeilymaja
ROOMS
بيرة تاع الصرف
rahanvaihto
فاليزة
matkalaukku
لولو
auto

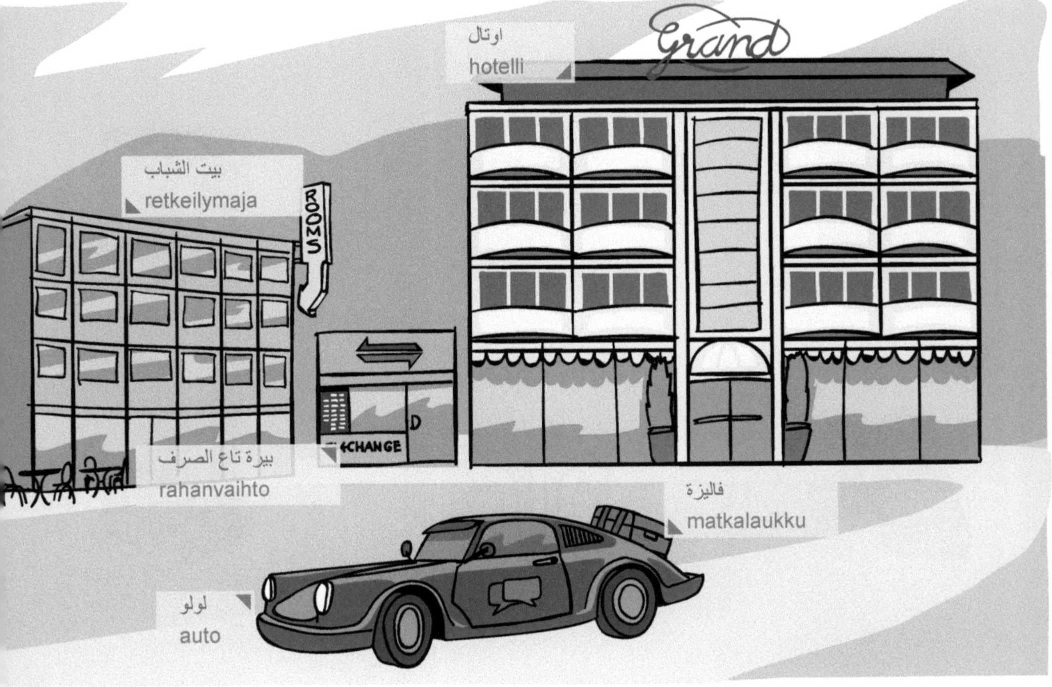

اللغة ليقصدها
....
kieli

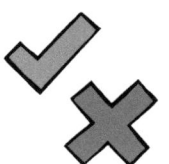

واه / لا
....
kyllä / ei

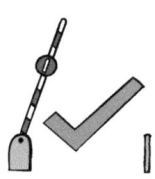

صحا
....
selvä

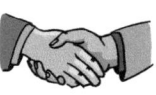

مرحبا
....
hei

طرجمان
....
tulkki

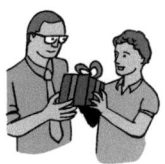

صحيت
....
kiitos

شعال السومة؟

Paljonko...maksaa?

مفهمتش

en ymmärrä

مشكيلة

ongelma

مسلخير

Hyvää iltaa!

صباح لخير

Hyvää huomenta!

تصبح بخير

Hyvää yötä!

بسلامة

näkemiin

ديركسيو

suunta

الباقاج

matkatavarat

ساك

laukku

ساكادو

reppu

ضيف

vieras

شمبرا

huone

ساك تاع رقاد

makuupussi

خيمة

teltta

استعلامات سياحية

turisti-info

بحر

ranta

كارطة ناع الكريدي

luottokortti

فطور الصباح

aamupala

الفطور

lounas

العشا

päivällinen

البيي

matkalippu

أسونسير

hissi

تامبر

postimerkki

الحدود

raja

الديوانة

tulli

سقارة

suurlähetystö

فيزا

viisumi

باسبور

passi

نقل
kuljetus

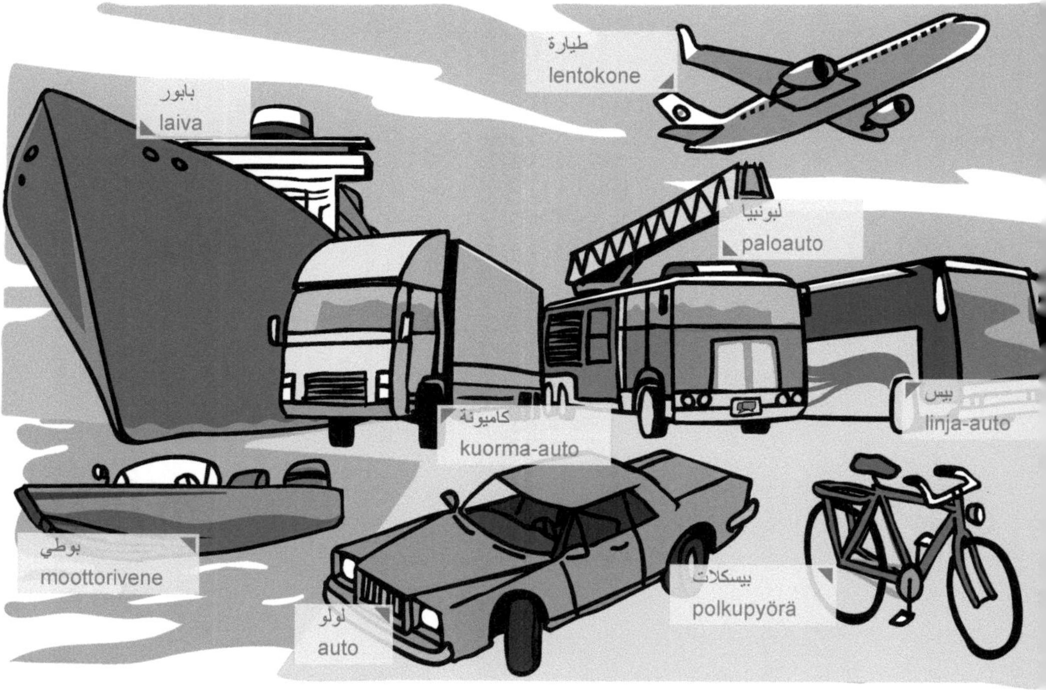
طيارة
lentokone
بابور
laiva
لبونبيا
paloauto
كاميونة
kuorma-auto
بيس
linja-auto
بوطي
moottorivene
بيسكلات
polkupyörä
لولو
auto

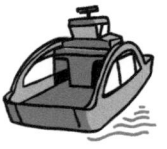

بابو
lautta

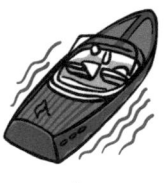

بوطي
vene

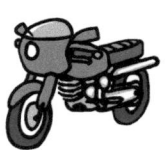

موطو
moottoripyörä

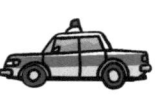

لوطو تاع لابوليس
poliisiauto

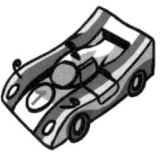

لوطو تاع السيباق
kilpa-auto

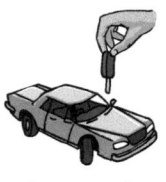

لوطو تاع كرية
vuokra-auto

لوطا تاع كرية

car sharing

رومورك

hinausauto

كاميو تاع الزبل

roska-auto

موتور

moottori

ليسونس

polttoaine

ستاسيون

huoltoasema

بانو

liikennemerkki

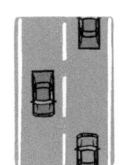

ترافيك

liikenne

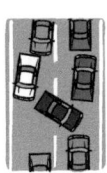

سركالة

ruuhka

باركينغ

parkkipaikka

لاقار

rautatieasema

السيكة

raiteet

قطار

juna

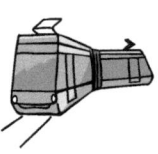

ترام

raitiovaunu

فاغون

vaunu

اليكبتار
helikopteri

مطار
lentokenttä

تور
lähilennonjohto

مسافر
matkustaja

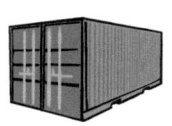

كونتنار
kontti

كرطونة
pahvilaatikko

شاريو
kärryt

سلة
kori

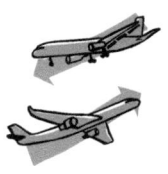

يقلع / يهود
nousta / laskea

مان

kaupunki

قرية
kylä

البلاد
keskusta

دار
talo

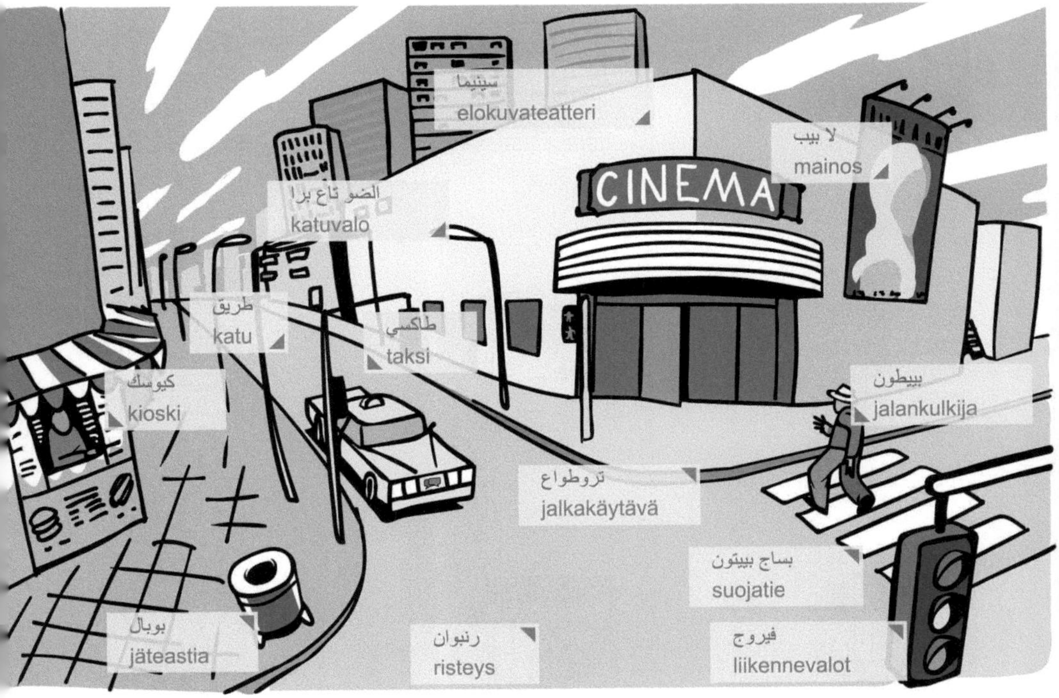

سينيما
elokuvateatteri
CINEMA
لا بيب
mainos
الضو تاع برا
katuvalo
طريق
katu
طاكسي
taksi
كيوسك
kioski
بييطون
jalankulkija
تروطواع
jalkakäytävä
بساج بييتون
suojatie
بوبال
jäteastia
رنبوان
risteys
فيروج
liikennevalot

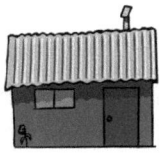

كوخ

mökki

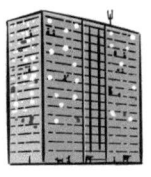

برطمان

kerrostalo

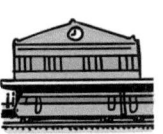

لاقار

rautatieasema

لاميري

kaupungintalo

MUSEUM

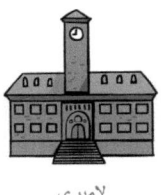

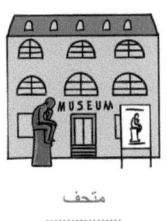

متحف

museo

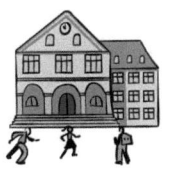

ليكول

koulu

الجامعة

yliopisto

بانكة

pankki

سبيطار

sairaala

اوتال

hotelli

فارماسي

apteekki

بيرو

toimisto

مكتبة

kirjakauppa

حانوت

liike

فلوريست

kukkakauppa

سوبرات

supermarketti

مرشي

tori

حانوت كبير

tavaratalo

مسمكة

kalakauppias

سونتر كومرسيال

ostoskeskus

المينا

satama

بارك

puisto

بنك

penkki

جسر

silta

درج

portaat

ميترو

metro

نونل

tunneli

لاري تاع البيس

linja-autopysäkki

بار

baari

مطعم

ravintola

صندوق البريد

postilaatikko

اللافتات

katukyltti

مقياس زمن الوقوف

parkkimittari

حديقة حيوانات

eläintarha

بيسين

uimala

جامع

moskeija

فيرما
....
maatila

التلوث
....
ympäristön saastuminen

مقبرة
....
hautausmaa

قليزية
....
kirkko

بارك
....
leikkikenttä

معبد
....
temppeli

الريف

maisema

ورقة
lehti

بانو
tienviitta

طريق
tie

مرج
niitty

حجرة
kivi

رحالة
retkeilijä

شجرة
puu

نهر
joki

حشيش
ruoho

زهرة
kukka

واد
....
laakso

جبل
....
vuori

بحيرة
....
järvi

غابة
....
metsä

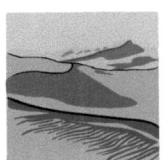

صحرا
....
aavikko

بركان
....
tulivuori

شاطو
....
linna

قوس قزح
....
sateenkaari

فطر
....
sieni

نخلة
....
palmu

ناموسة
....
hyttynen

ذبانة
....
kärpänen

نملة
....
muurahainen

نحلة
....
mehiläinen

رتيلة
....
hämähäkki

خنفوس

kovakuoriainen

جرانة

sammakko

سنجاب

orava

قنفود

siili

قنينة

jänis

بومة

pöllö

زاوش

lintu

بجعة

joutsen

حلوف

villisika

عزالة

peura

إلكة

hirvi

سد

pato

الطاحونة

tuulimylly

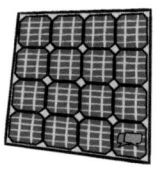

خلية شمسية

aurinkopaneeli

كليما

ilmasto

مطعم
ravintola

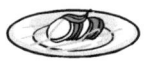

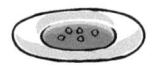

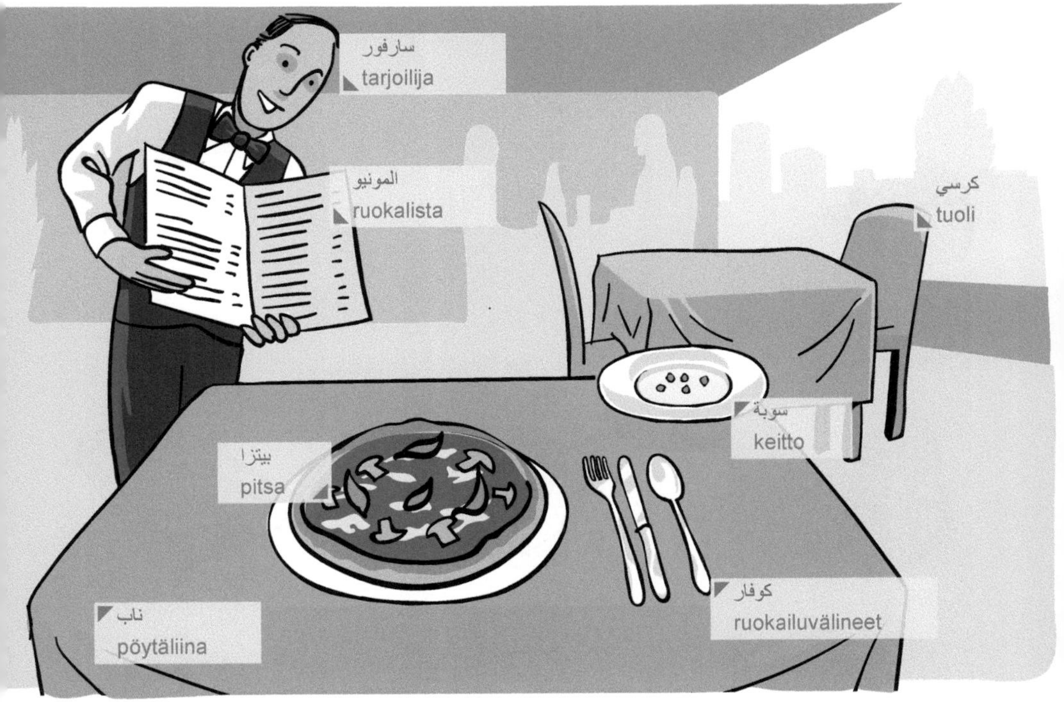
سارفور
tarjoilija
المونيو
ruokalista
كرسي
tuoli
سوبة
keitto
بيتزا
pitsa
كوفار
ruokailuvälineet
ناب
pöytäliina

اوردوفر
alkuruoka

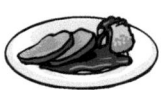

الطبق الرئيسي
pääruoka

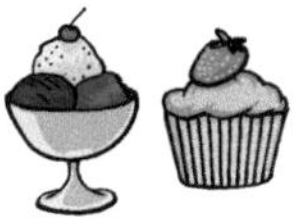

ديسار
jälkiruoka

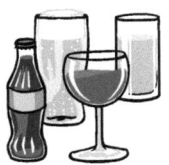

مشروبات
juomat

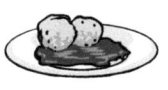

ماكلة
ruoka

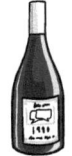

القرعة
pullo

فاست فود

pikaruoka

ماكلة نديه معايا

katuruoka

براد اتاي

teekannu

سكرية

sokeriastia

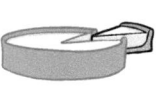

طرف

annos

ماشينة تاع اكسبريسو

espressokeitin

كرسي عالي

syöttötuoli

فاتورة

lasku

سني

tarjotin

خدمي

veitsi

فرشيطة

haarukka

مغيرفة

lusikka

مغيرفة تاع لاتاي

teelusikka

سربيتة تاع الطابلة

servietti

كاس

lasi

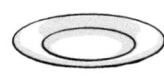

طبسي

lautanen

بول

syvä lautanen

طبسي تاع الفنجال

aluslautanen

لاصوص

kastike

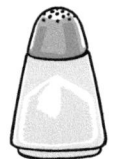

القوطي تاع الملح

suolasirotin

طحان تاع الحرور

pippurimylly

خل

etikka

زيت

öljy

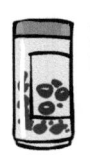

ليزيبيس

mausteet

كتشوب

ketsuppi

موطارد

sinappi

مايونيز

majoneesi

سوبرات
supermarketti

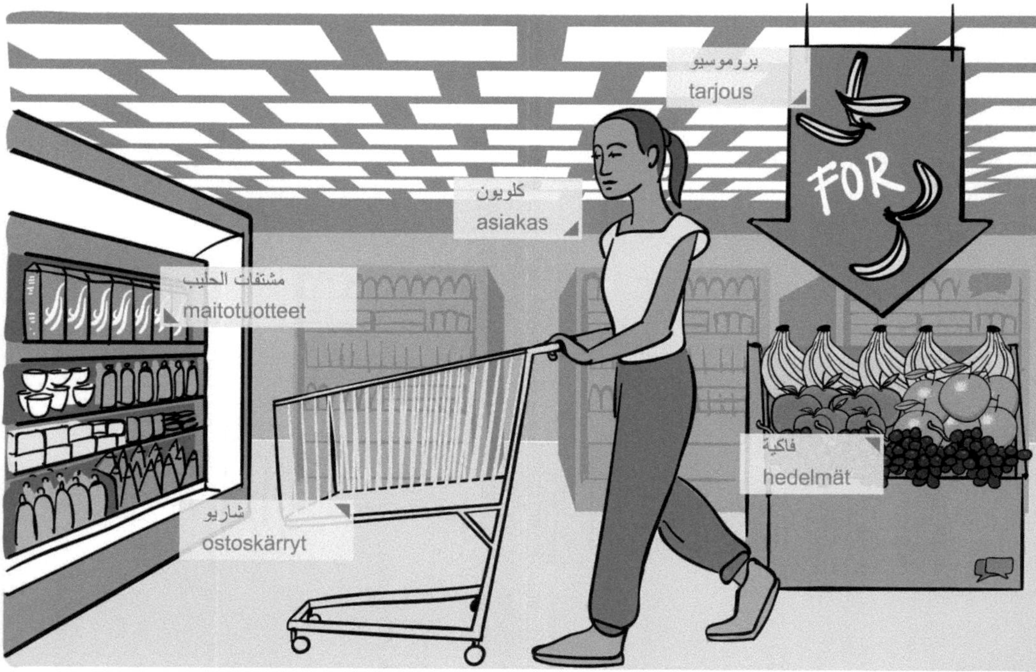

بروموسيو
tarjous
FOR
كلويون
asiakas
مشتقات الحليب
maitotuotteet
فاكية
hedelmät
شاريو
ostoskärryt

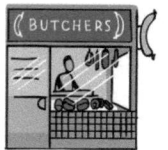

BUTCHERS

بوشي

teurastamo

BAKERY

بولونجي

leipomo

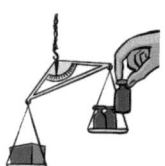

يوزن

punnita

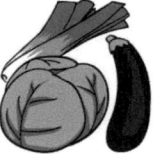

خضار

kasvikset

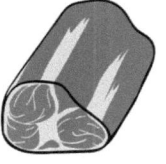

لحم

liha

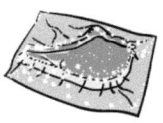

سيرجولي

pakasteet

كاشير

leikkele

كونسارف

säilykkeet

الاومو تاع لغسيل

pesujauhe

الحلويات

makeiset

صوالح الدار

kotitaloustarvikkeet

ديتارجو

puhdistusaineet

فوندوز / خدامة فالحانوت

myyjä

لاكاس

kassa

كاسسي

kassanhoitaja

ليستا تاع الشري

ostoslista

سوايع الخدمة

aukioloajat

تزرداتم

lompakko

كارطة ناع الكريدي

luottokortti

ساك

kassi

بورسة

muovipussi

الما

vesi

جو

mehu

حليب

maito

كوكا

kokis

الشراب

viini

البيرة

olut

شراب

alkoholi

كاكاو

kaakao

لاتاي

tee

قهوة

kahvi

اكسبريسو

espresso

كابوتشينو

cappuccino

بانانة

banaani

تفاح

omena

تشينا

appelsiini

بطيخ

meloni

ليم

sitruuna

كروطة / زرودية

porkkana

ثوم

valkosipuli

بانبو

bambu

بصل

sipuli

شانبينيو

sieni

بندق

pähkinät

ليبات

spagetti

سباقيتي

spagetti

روز

riisi

سلاطة

salaatti

ليفريت

ranskalaiset

ليفريت

paistetut perunat

بيتزا

pitsa

هانبورقر

hampurilainen

سندويش

voileipä

اسكالوب

leike

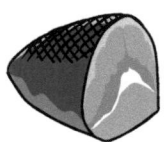

لحم الحلوف

kinkku

سامي

salami

مرقاز

makkara

جاجة

kana

لحم مشوي

paisti

حوت

kala

شوفان

kaurahiutaleet

موسلي

mysli

كورن فلكس

murot

فرينة

jauho

كرواسون

voisarvi

خبيزة

sämpylä

الخبز / كسرة

leipä

خبز محمر

paahtoleipä

بيسكوي

keksit

زبدة

voi

لبن

rahka

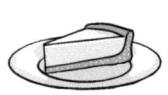

قاطو

kakku

بيض

kananmuna

بيض مقلّي

paistettu kananmuna

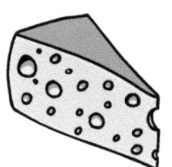

فرماج

juusto

لاكرام

jäätelö

سكر

sokeri

عسل

hunaja

كونفتير

hillo

نوقا

suklaapähkinälevite

الكاري

curry

فيرما

maatila

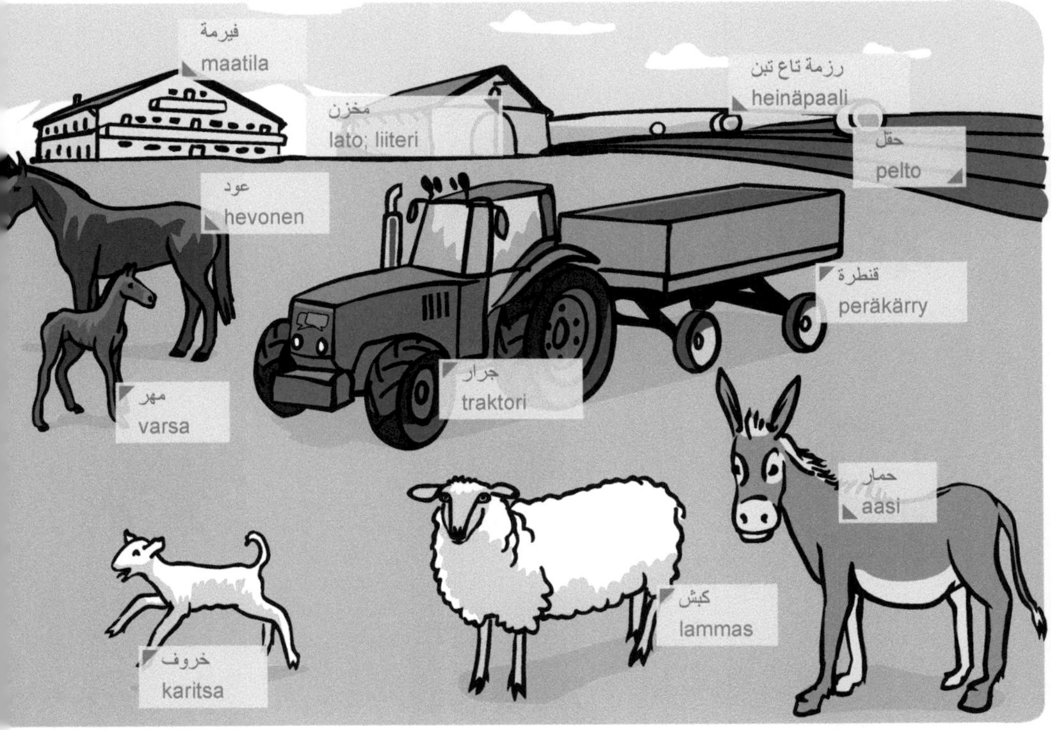

فيرمة
maatila
مخزن
lato; liiteri
رزمة تاع تبن
heinäpaali
حقل
pelto
عود
hevonen
قنطرة
peräkärry
جرار
traktori
مهر
varsa
حمار
aasi
كبش
lammas
خروف
karitsa

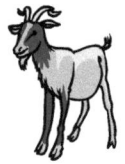

معزة

vuohi

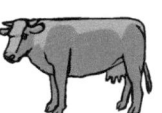

بقرة

lehmä

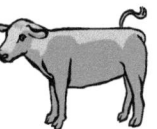

عجل

vasikka

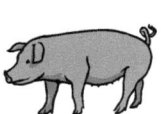

حلوف

sika

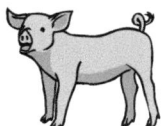

حلوف صغير

porsas

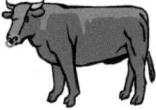

طورو

sonni

وزة

hanhi

بطة

ankka

فلوس

tipu

جاجة

kana

ديك

kukko

طوبا

rotta

قطة

kissa

فأر

hiiri

ثور

härkä

كلب

koira

دار الكلب

koirankoppi

تييو

puutarhaletku

إبريق

kastelukannu

منجل

viikate

محراث

aura

منجل

sirppi

الفاس

kuokka

مذراة الزبل

talikko

شاقور

kirves

برويطة

kottikärryt

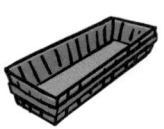

معلف

kaukalo

قابة تاع حليب

maitokannu

ساشيا

säkki

سياج

aita

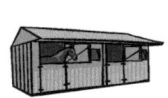

صطبل

talli

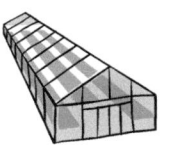

بوطاجي

kasvihuone

تراب

maa

بذور

siemen

سماد

lannoite

حصادة

leikkuupuimuri

يحصد

kerätä sato

الغلة

sato

بطاطا

jamssit

قمح

vehnä

صويا

soija

بطاطا

peruna

مابيس

maissi

سلجم

rypsi

شجرة تاع فاكية

hedelmäpuu

منيهوت

maniokki

الخبوب

vilja

دار

talo

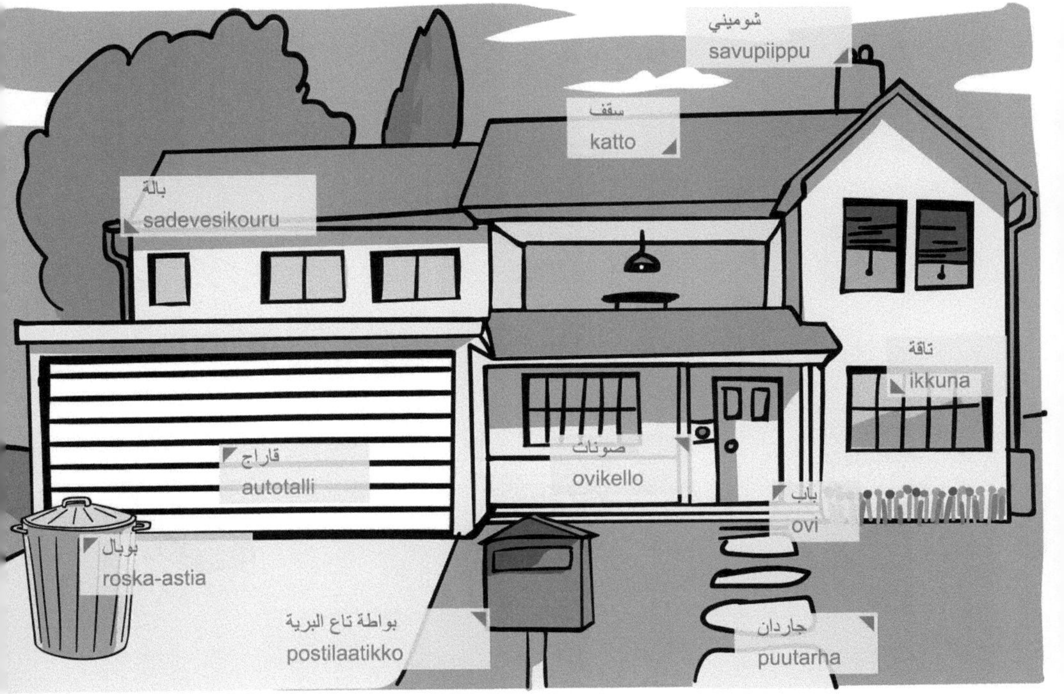

شوميني
savupiippu
سقف
katto
بالة
sadevesikouru
تاقة
ikkuna
قاراج
autotalli
صونات
ovikello
باب
ovi
بوبال
roska-astia
بواطة تاع البرية
postilaatikko
جاردان
puutarha

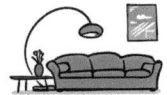

صالون
....
olohuone

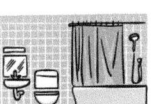

الحمام
....
kylpyhuone

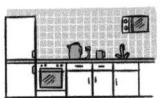

كوزينا
....
keittiö

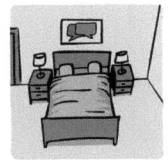

شامبرا تاع رقاد
....
makuuhuone

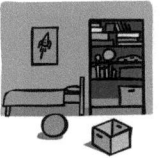

شمبرا تاع ذراري
....
lastenhuone

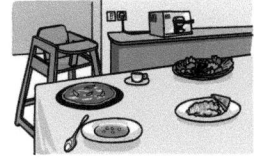

صالة مونجي
....
ruokahuone

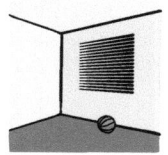

ضرل

lattia

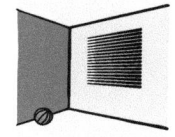

طيح

seinä

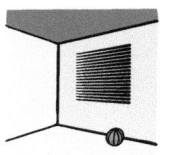

وفالب

katto

فافاك

kellari

انوس

sauna

نوكلاب

parveke

ةسارﻴت

terassi

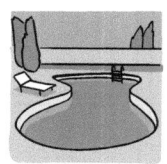

نﻴسﻴب

uima-allas

شﻴشح عات ةرازج

ruohonleikkuri

سووالا

lakana

تاووك

päiväpeitto

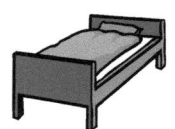

ةﻴسوﻤان

sänky

ةحلصﻤ

harja

حﻴلص عات ودﻴب

ämpäri

روﻴتبﻐتان

katkaisin

صالون

olohuone

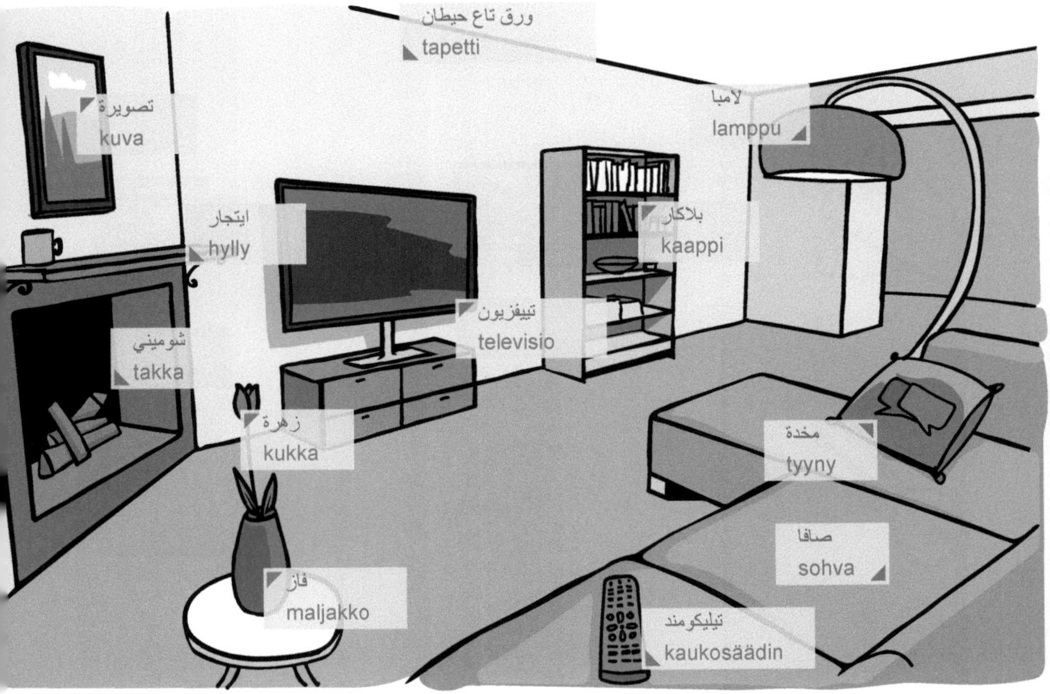
ورق تاع حيطان
tapetti
تصويرة
kuva
لامبا
lamppu
ايتجار
hylly
بلاكار
kaappi
تيبفزيون
televisio
شوميني
takka
زهرة
kukka
مخدة
tyyny
صافا
sohva
فاز
maljakko
تيليكومند
kaukosäädin

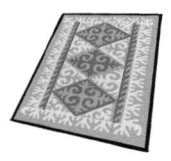

طابي
matto

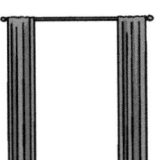

ريدو
verho

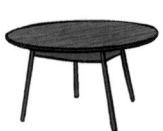

طابلة
pöytä

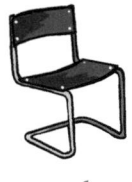

كرسي
tuoli

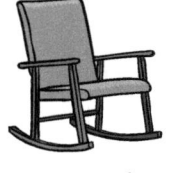

كرسي يبوجي
keinutuoli

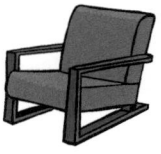

فوتاي
nojatuoli

كتاب

kirja

طوفيرطة

peitto

زواق

koriste

الحطب

polttopuut

فيلم

elokuva

الستيريو

stereot

مفتاح

avain

جرنان

sanomalehti

كادر

maalaus

بوستار

juliste

راديو

radio

كناش

muistivihko

اسبيراتور

pölynimuri

صبار

kaktus

شمعة

kynttilä

فريغو
▶ jääkaappi

ميكرروند
mikroaaltouuni

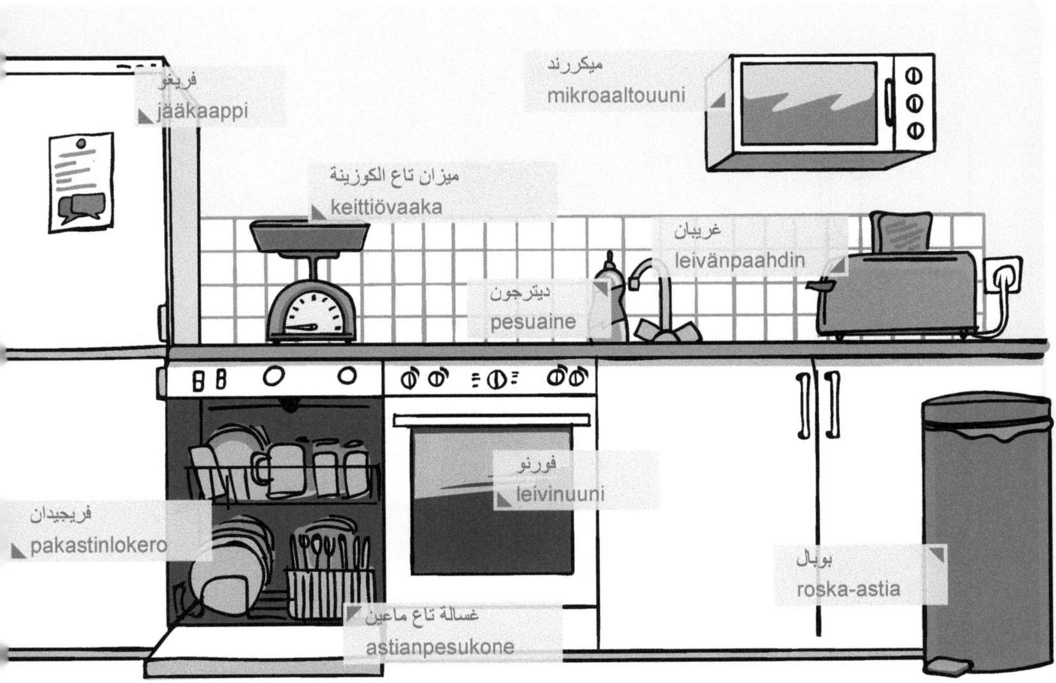

ميزان تاع الكوزينة
keittiövaaka

ديترجون
pesuaine

غريبان
leivänpaahdin

فريجيدان
▶ pakastinlokero

فورنو
▶ leivinuuni

بويال
roska-astia

غسالة تاع ماعين
astianpesukone

القور	قدرة	مرميطا
liesi	kattila	rautapata

طاوة غامقة	مقلة	غلاية
vokkipannu / kadai-pannu	paistinpannu	teepannu

قدرة

höyrykeitin

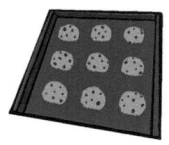

سني

uunipelti

ماعين

astiat

قوبلي

muki

طبسي

kulho

مطارق تاع الماكلة

syömäpuikot

لوشة

kauha

سباتولة

paistinlasta

الضرابة

vispilä

كسكاس

siivilä

صفاية

siivilä

راب

raastin

مهراز

mortteli

شواية

grilli

موقد

avotuli

اشنلوب
....
leikkuulauta

رولو
....
kaulin

الحلال
....
korkinavaaja

قابسة
....
purkki

الحلال
....
purkinavaaja

كتان
....
pannulappu

لافابو
....
lavuaari

بروسة
....
tiskiharja

بونجة
....
pesusieni

الخلاط
....
tehosekoitin

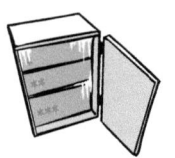

فريغو
....
pakastin

بيبرونة
....
tuttipullo

سبالة
....
vesihana

kylpyhuone

شوفاج
lämmitys

دوش
suihku

سربيتة
pyyhe

شودلاد تاع ريدو
suihkuverho

حمام بالرغوة
vaahtokylpy

بنوار
kylpyamme

كاس
lasi

غسالة تاع حوايج
pesukone

كرلاج
kaakelit

سبالة
vesihana

لبو
potta

لافابو
lavuaari

توالات
vessa

توالات تركي
kyykkyvessa

غسال الرجلين
bidee

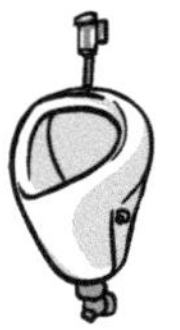

مبولة
pisuaari

ورق تاع توالات
vessapaperi

بروسة تاع توالات
vessaharja

بروسدون

hammasharja

دونتفريس

hammastahna

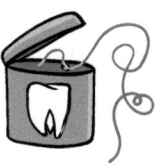

خيط السنان

hammaslanka

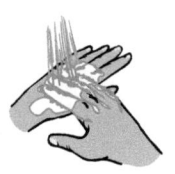

يغسل

pestä

دوش تاع شات

käsisuihku

شات

intiimisuihku

لافابو

pesuvati

بروسا تاع الظهر

selkäharja

صابون

saippua

شدوش جال

suihkugeeli

شنبوان

shampoo

الحبل

pesulappu

سودقا

viemäri

بومادة

voide

ديودورون

deodorantti

مراية

peili

مراة صغيرة

käsipeili

رازوار

partaveitsi

لاموس

partavaahto

كولون

partavesi

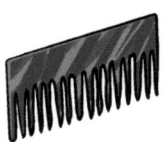

مشطة

kampa

بروسة

harja

سشوار

hiustenkuivaaja

مثبت الشعر

hiuslakka

مكياج

meikki

روجالافر

huulipuna

فرني

kynsilakka

قطن

pumpuli

كوبنغل

kynsisakset

ريحة

hajuvesi

تروسة تاع حمام

kosmetiikkalaukku

طابوري

jakkara

ميزان

vaaka

بينوار

kylpytakki

ليغونات تاع النيتواياج

kumihansikkaat

تمبون

tamponi

ليبوند

terveysside

توالات

kemiallinen wc

شمبرا تاع ذراري

lastenhuone

ريفاي
herätyskello
نونورس
pehmolelu
لوطو جوي
leikkiauto
الخشخاش
helistin
دار تاع بوبيات
nukkekoti
كادو
lahja

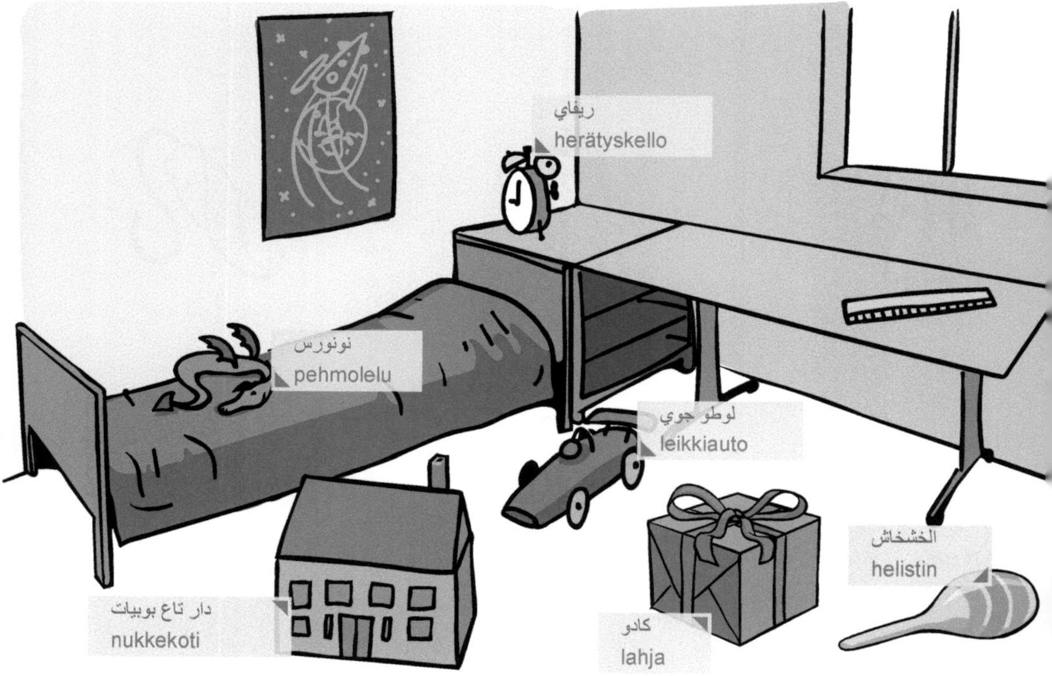

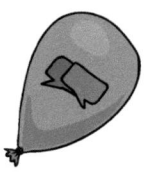

بالونة / نسافة
....
ilmapallo

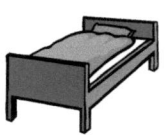

ناموسية
....
sänky

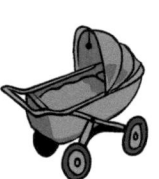

بوسات
....
lastenvaunut

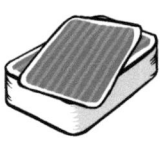

الكارطة
....
korttipeli

البوزيل
....
palapeli

SUPER
MEGA

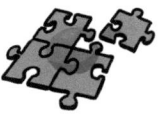

بوند ديسيني
....
sarjakuva

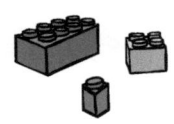

اللّيغو

legopalikat

حجر يينوه

rakennuspalikat

بوبية

supersankari

لبسة تاع البيبي

potkupuku

فريزي

frisbee

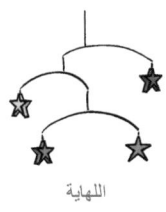

اللهاية

mobile

لعبة الطابلة

lautapeli

الدي

noppa

التران

pienoisjunarata

سوسات

tutti

حفلة / الفيشطة

juhlat

كتاب بتصاوير

kuvakirja

بالون

pallo

بوبية

nukke

يلعب

leikkiä

بارك بالرملة

hiekkalaatikko

بنصوار

keinu

جوي

lelut

منيطا

pelikonsoli

بيسكلات

kolmipyörä

دبدوب

nalle

ماريو

vaatekaappi

تقاشر

sukat

ليا

nylonsukat

كولو

sukkahousut

شال
kaulaliina

بربلوي
sateenvarjo

حزام
vyö

تريكو
t-paita

بوط
saappaat

بنتوفلا
sisätossut

تينيسا / سبردينا
lenkkarit

صندالة
....
sandaalit

صباط
....
kengät

بوط بلاستيك
....
kumisaappaat

كالسون
....
alushousut

سوتيان
....
rintaliivit

حويج تاع داخل
....
aluspaita

لاسق على الجسم

body

سروال

housut

جين

farkut

جيبا

hame

طابلية

pusero

قمجة

paita

تريكو

villapaita

قارديقون

collegepaita

بلازار

jakku

فيستا

takki

بالطو

takki

بالطو

sadetakki

كوستيم

puku

روبا

mekko

روب بلونش

hääpuku

كوستم

puku

شوميز دونوي

yöpaita

بيجاما

pyjama

ساري

shari

حجاب

päähuivi

عمامة

turbaani

برقع

burka

قفطان

kaftaani

عباية

abaya

مايو

uimapuku

سروال تاع عوم

uimahousut

شورت

shortsit

لبسة تاع سبور

verkkarit

طابلية

esiliina

ليقونات

käsineet

حوايج - vaatteet

47

قفلة

nappi

نواظر

silmälasit

براسلي

rannekoru

سنسلة

kaulakoru

خاتم

sormus

منقوش

korvakoru

بوني

lippalakki

سانتر

ripustin

شابو

hattu

قرافاطة

solmio

غيمة

vetoketju

كاسك

kypärä

بروتال

henkselit

لوكيل تاع اللبة

koulupuku

مرونيفيل

univormu

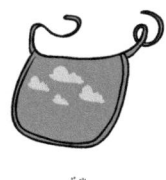

رياقة

ruokalappu

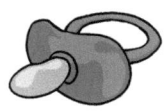

سوسات

tutti

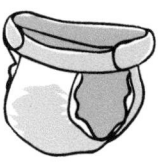

ليكوش

vaippa

بيرو
toimisto

سارفر
palvelin
خزانة تاع الملفات
asiakirjakaappi
امبريمانت
tulostin
ورقة
paperi
ليكرون
näyttö
لاسوري
hiiri
بيرو
kirjoituspöytä
كلاسور
kansio
كلافيي
näppäimistö
بوبال
roskakori
اوردیناتور
tietokone
كرسي
tuoli

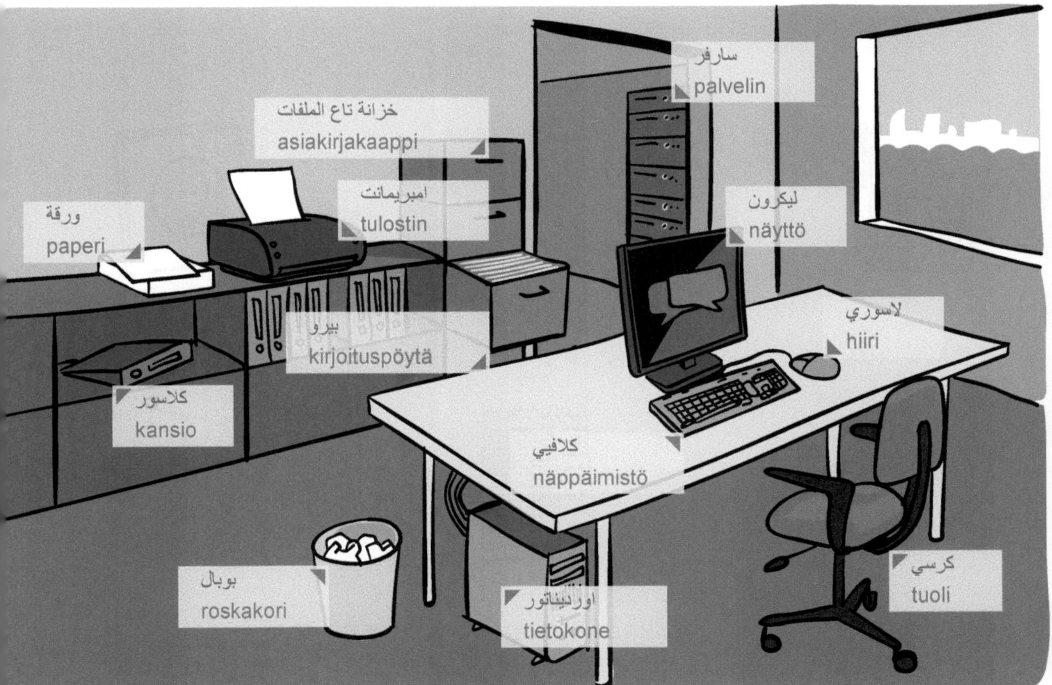

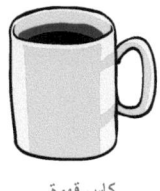

كاس قهوة

kahvimuki

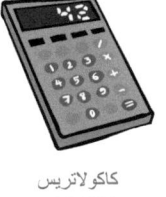

كاكولاتريس

taskulaskin

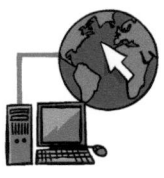

لانترنت

internet

اورديناتور

kannettava tietokone

برية

kirje

ميساج

viesti

بورطابل

kännykkä

ريزو

verkko

فوطوكوبي

kopiokone

لوجسيال

ohjelmisto

تيلفون

puhelin

بريزة

pistorasia

فاكس

faksi

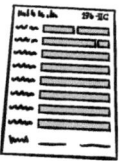

استمارة

lomake

وثيقة

asiakirja

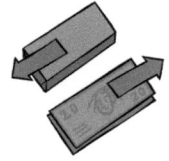

يشري

ostaa

يخلص

maksaa

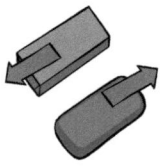

يتاجر

vaihtaa

دراهم

raha

دولار

dollari

اورو

euro

ين

jeni

روبل

rupla

فرنك سويسري

frangi

يوان

renminbi juan

روبية

rupia

ديستريبيتور

pankkiautomaatti

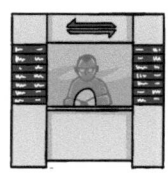

بيرة تاع الصرف

rahanvaihto

ذهب

kulta

فضة

hopea

نفط

öljy

طاقة

energia

السومة

hinta

عقد

sopimus

طاكس

vero

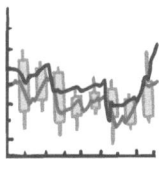

سهم

osake

يخدم

työskennellä

خدام

työntekijä

مول الشي

työnantaja

وزين

tehdas

حانوت

liike

الخدمة
ammatit

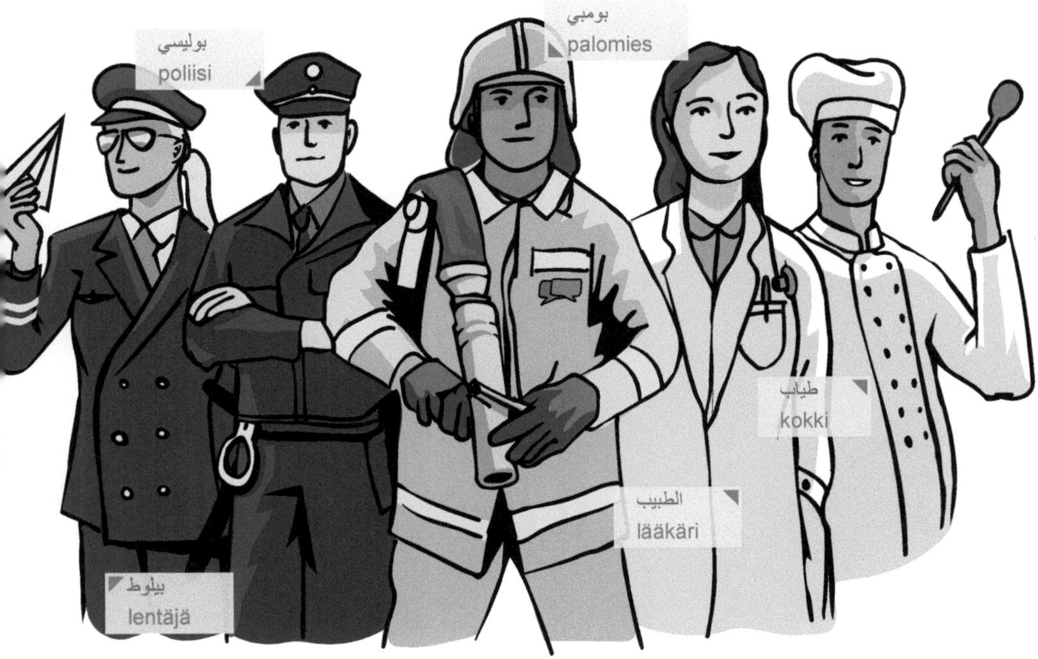

بوليسي
poliisi
بومبي
palomies
طياب
kokki
الطبيب
lääkäri
بيلوط
lentäjä

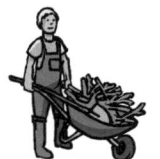

جرديني

puutarhuri

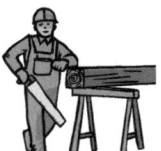

نجار

puuseppä

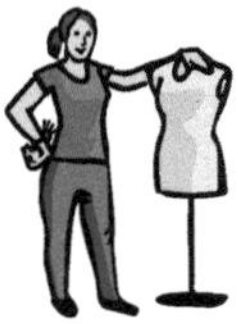

خياط

ompelija

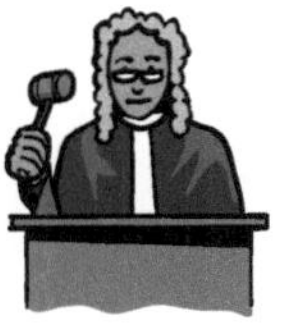

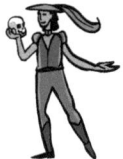

قاضي

tuomari

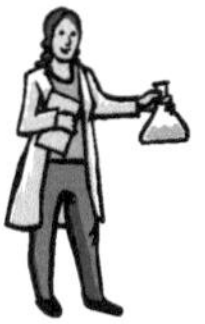

شيميك

kemisti

ممثل

näyttelijä

شوفير

linja-autonkuljettaja

طاكسيور

taksinkuljettaja

صياد

kalastaja

خدامة

siivooja

ماصو تاع الصقف

katontekijä

سارفور

tarjoilija

صياد

metsästäjä

بنتار

maalari

خباز

leipuri

الكتريسيان

sähköasentaja

ماصون

rakentaja

مهندس

insinööri

بوشي

teurastaja

بلومبي

putkiasentaja

فاكتور

postinjakaja

جندي

sotilas

ارشيتكت

arkkitehti

كاسسي

kassanhoitaja

بياع اورد

floristi

كوافير

kampaaja

الكنترول

konduktööri

ميكانيسيان

mekaanikko

كابيتان

kapteeni

طبيب سنان

hammaslääkäri

عالم

tiedemies

حاخام

rabbi

امام

imaami

موان

munkki

موان

pappi

ليزوتي
työkalut

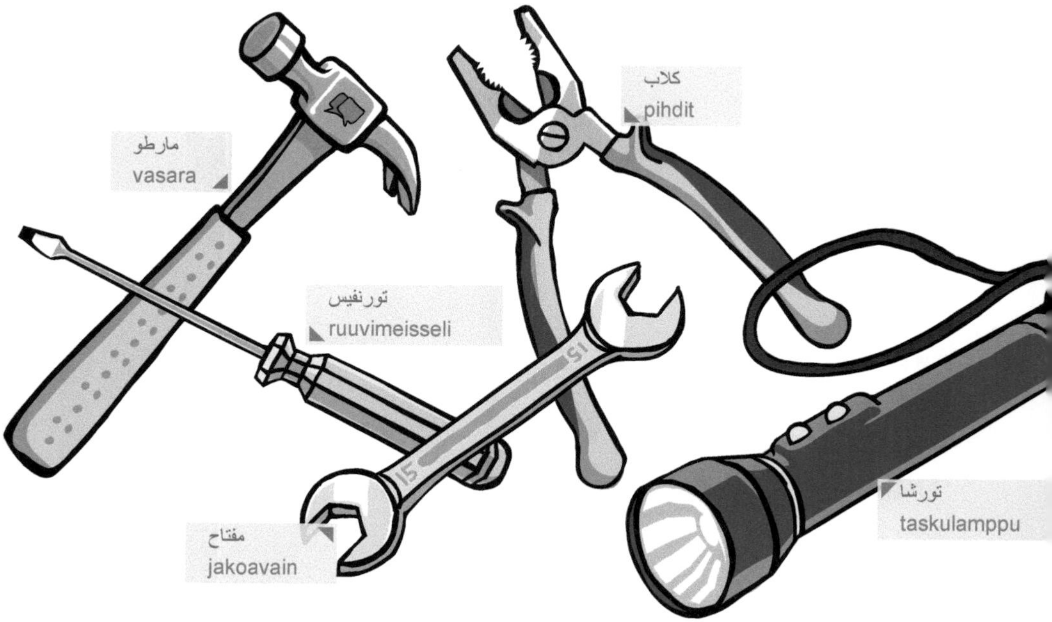

مارطو
vasara
كلاب
pihdit
تورنفيس
ruuvimeisseli
مفتاح
jakoavain
تورشا
taskulamppu

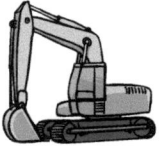

جرافة

kaivinkone

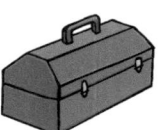

قايصة نتاع ليزوتي

työkalupakki

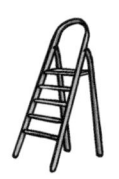

سلوم

tikkaat

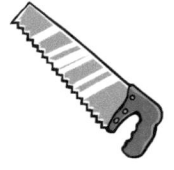

منشار

saha

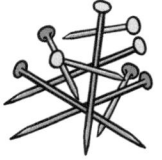

مسامير

naulat

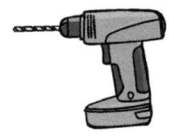

برسوز

pora

يصنع
....
korjata

البالة
....
lapio

ياويلي
....
Hitto!

بالا
....
rikkalapio

بو تاع بنتورة
....
maalipurkki

ليفيس
....
ruuvit

آلات موسيقية
soittimet

مكبر الصوت
kaiuttimet

آلات الإيقاع
rummut

غيتارة
kitara

كمان أجهر
kontrabasso

بوق
trumpetti

بيانو

piano

كمنجة

viulu

جهير

basso

طبل كبير

patarummut

طبل

rumpu

بيانو كهربائي

kosketinsoitin

ساكسوفون

saksofoni

ناي

huilu

ميكروفون

mikrofoni

حديقة حيوانات / eläintarha illustration:

- نمر / tiikeri
- الدخلة / sisäänkäynti
- كاجا / häkki
- حمار الوحش / seepra
- علف للحيوانات / eläinten ruoka
- باندا / panda

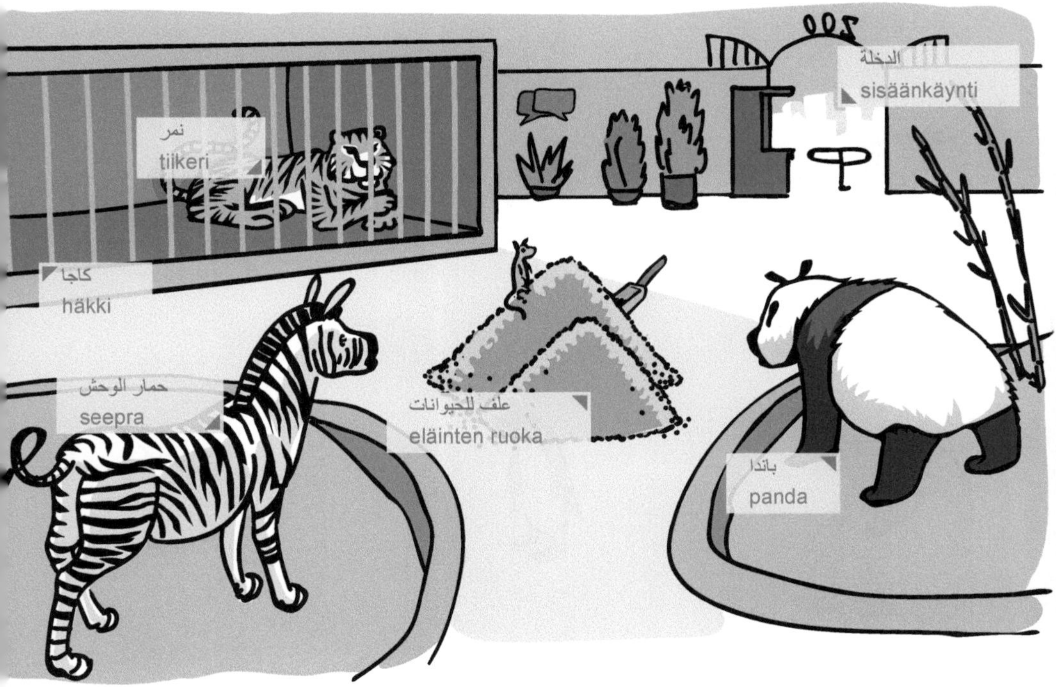

حيوانات

eläimet

فيل

norsu

كنغر

kenguru

وحيد القرن

sarvikuono

غوريلا

gorilla

دب

karhu

جمل

kameli

نعامة

strutsi

سبع

leijona

تشيطا

apina

فلامونغوز

flamingo

بيروكي

papukaija

دب قطبي

jääkarhu

بطريق

pingviini

سمك القرش

hai

طاووس

riikinkukko

لفعة

käärme

تمساح

krokotiili

عساس في حديقة الحيوان

eläintarhanhoitaja

عجل البحر

hylje

نمر أمريكي مرقط

jaguaari

فرس قزم

poni

نمر

leopardi

فرس النهر

virtahepo

زرافة

kirahvi

نسر

kotka

خنزير

villisika

حوت

kala

فكرون

kilpikonna

حيوان فظ البحري

mursu

ثعلب

kettu

غزال

gaselli

بالون اميريكا
amerikkalainen jalkapallo

الركبة تاع البيسكلت
pyöräily

تينيس
tennis

باسكات
koripallo

العوم
uinti

بوكس
nyrkkeily

هوكي
jääkiekko

بالون
jalkapallo

الريشة الطائرة
sulkapallo

اتلاتيزم
yleisurheilu

الهوند
käsipallo

سكي
hiihto

بولو
poolo

ينقز
hypätä

يضحك
nauraa

يعنق
halata

يغنّي
laulaa

يمشّي
kävellä

ينوم
unelmoida

يصلّي
rukoilla

يبوس
suudella

يكتب
kirjoittaa

يرسم
piirtää

يوري
näyttää

يدمر
painaa

يعطي
antaa

يدي
ottaa

يملك

omistaa

يخدم

tehdä

كاين

olla

يوقف

seisoa

يجري

juosta

يجبد

vetää

بقيس / يرمي

heittää

يطيح

kaatua

يتكسل

maata

يشوف

odottaa

يرفد

kantaa

يقعد

istua

يلبس

pukeutua

يرقد

nukkua

ينوظ

herätä

يِثوف في

katsoa

يِيكي

itkeä

يحلك

silittää

يمشّط

kammata

يهدر

puhua

يفهم

ymmärtää

يسقسي

kysyä

يسمع

kuunnella

يِشرب

juoda

ياكل

syödä

يخمل

siivota

يِيغي

rakastaa

يطيب

keittää

يصوق

ajaa

يطير

lentää

يبحر بالفلوكة

purjehtia

يحسب

laskea

يقرا

lukea

يتعلم

oppia

يخدم

työskennellä

يتزوج

mennä naimisiin

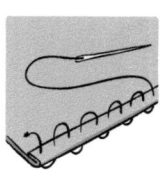

يخيط

ommella

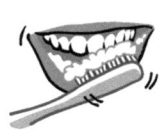

يغسل سنانو

pestä hampaat

يكتل

tappaa

يكمي

tupakoida

يرسل

lähettää

الحدة
mummo

الجد
ukki

الاب
isä

الام
äiti

الذري
vauva

البنت
tytär

الولد
poika

ضيف

vieras

العمة / الخالة

täti

العم / الخال

setä

الخو

veli

الخت

sisko

الجسم

vartalo

الجبهة
otsa
العين
silmä
الكتف
olkapää
صبع
sormet
الوجه
kasvot
اللحية
leuka
اليد
käsi
الساق
jalka
الصدر
rinta
الذراع
käsivarsi

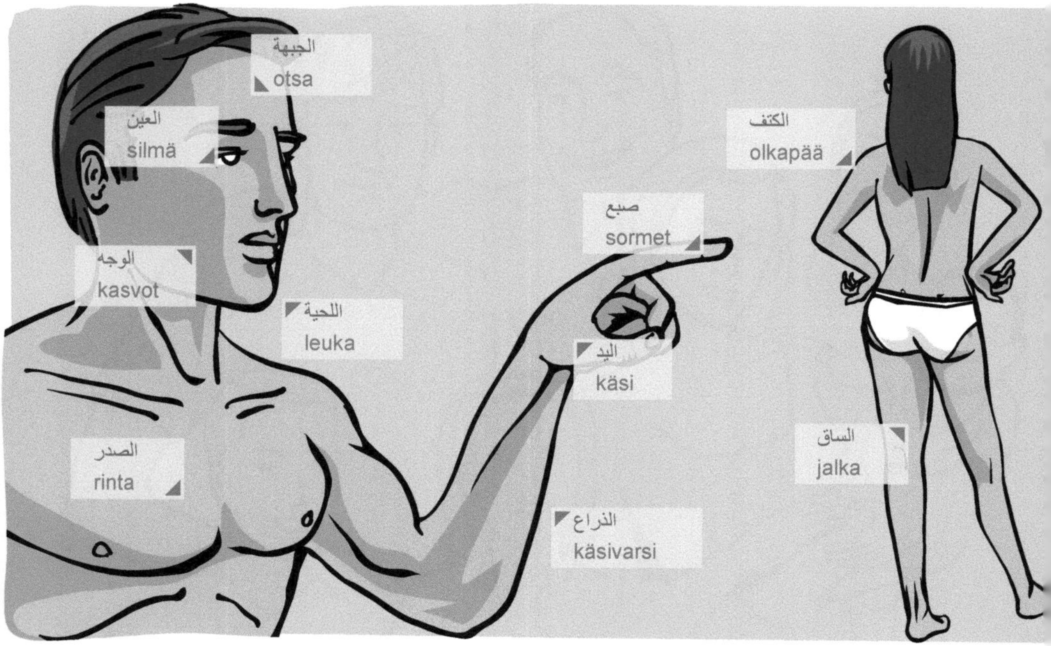

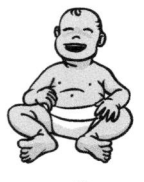

الذري

vauva

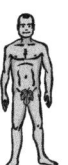

الراجل

mies

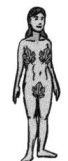

المرا

nainen

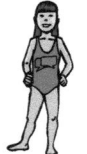

الشيرة، الطفلة

tyttö

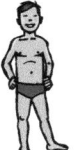

الشير

poika

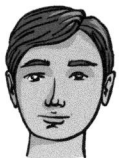

الراس

pää

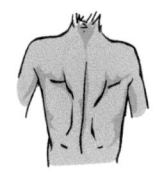

ظهر

selkä

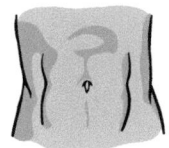

الكرش

maha

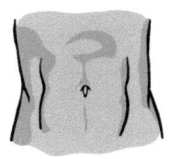

السرة

napa

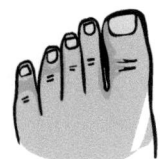

صبع

varvas

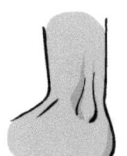

طالون

kantapää

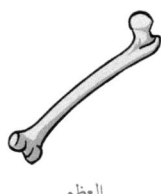

العظم

luu

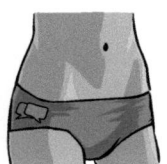

المرادف

lantio

الركبة

polvi

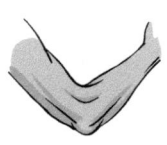

لمرفغ

kyynärpää

نيف

nenä

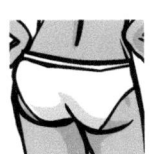

مصاصيط

takapuoli

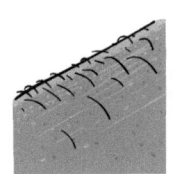

البشرة

iho

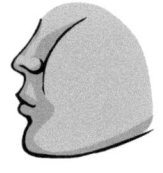

الحنوك

poski

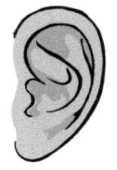

لولذن

korva

ثوورب

huuli

الفم

suu

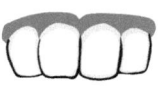

السنة

hammas

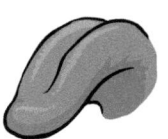

اللسان

kieli

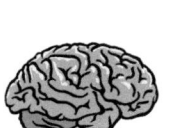

الدماغ

aivot

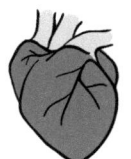

القلب

sydän

العضلة

lihas

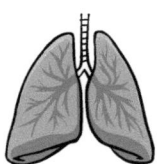

الرية

keuhkot

الكبدة

maksa

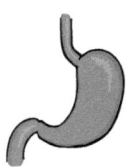

المعدة

vatsa

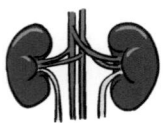

كلوى

munuaiset

رابور

seksi

فيتارفبريز

kondomi

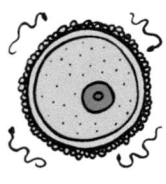

البويضة

munasolu

مربس

sperma

شركلب

raskaus

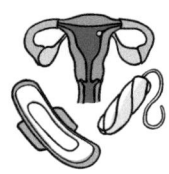

ليراغل

kuukautiset

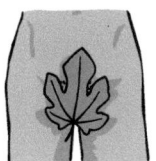

المهبل

vagina

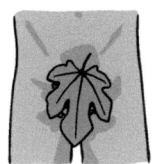

المذاكر

penis

الحاجب

kulmakarvat

الشعر

hiukset

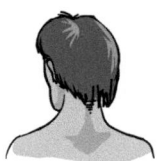

رقبة

niska

سبيطار

sairaala

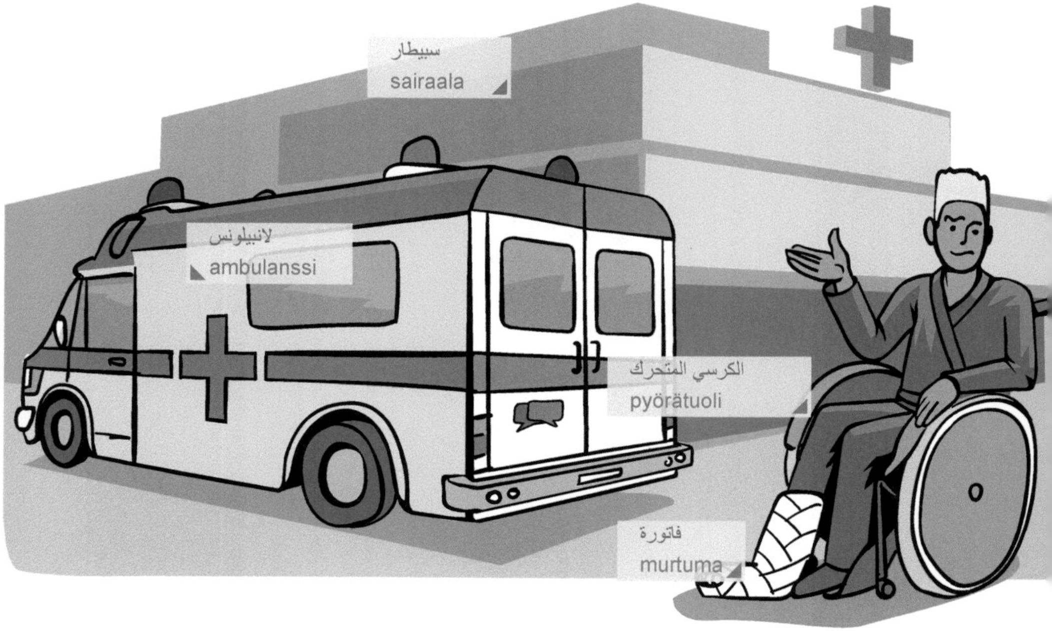

سبيطار
sairaala
لانبيلونس
ambulanssi
الكرسي المتحرك
pyörätuoli
فاتورة
murtuma

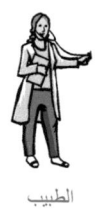

الطبيب

lääkäri

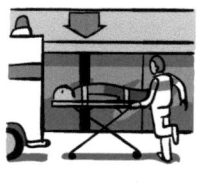

ليزيرجونس

ensiapu

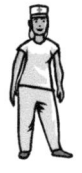

الممرضة

sairaanhoitaja

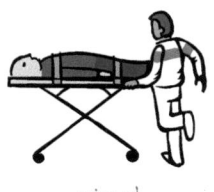

ليرجونس

hätätilanne

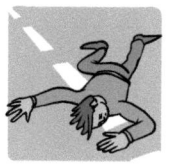

تغاشى

tajuton

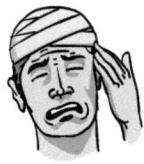

الوجع

kipu

الجرح

vamma

يسل الدم

verenvuoto

القلب

sydänkohtaus

لافيسي

aivoinfarkti

لالرجي

allergia

الكحة

yskä

الحمة

kuume

لاقريب

flunssa

الاسهال

ripuli

ميغران

päänsärky

السرطان

syöpä

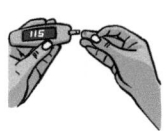

السكر

diabetes

الجراح

kirurgi

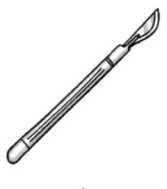

مبضع

veitsi

عملية تاع القلب

leikkaus

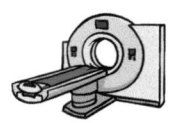

لاسيتي

ct

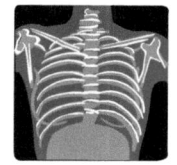

الراديو

röntgen

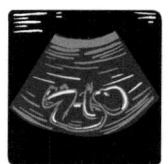

لولتخازرون

ultraääni

لماسك

maski

المرض

sairaus

وين يقارعو

odotushuone

العكاز

sauva

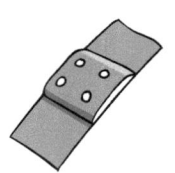

سكوتش

laastari

لبانسما

side

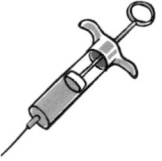

لبرة

pistos

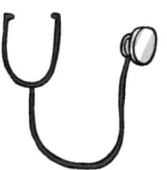

السماعة تاع الطبيب

stetoskooppi

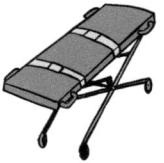

نقالة

paarit

لوزنو بيه الحمة

kuumemittari

زيادة

syntymä

السمونية

ylipaino

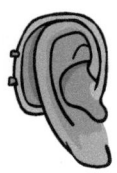

جهاز السمع

kuulolaite

المعقم

desinfiointiaine

لنفكسون

infektio

الفيروس

virus

السيدا

HIV / AIDS

الدوا

lääke

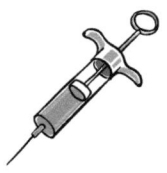

الفاكسان

rokotus

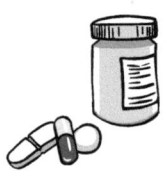

الدوا حب

tabletit

بيلولة

pilleri

يعيط للنجدة

hätäpuhelu

الجهاز ليقيسو بيه الدم

verenpainemittari

مريض / صحيح

sairas / terve

سلكوني

Apua!

لالارم

hälytys

يتعدادا

ryöstö

يهجم

hyökkäys

دونجي

vaara

مخرج الطوارئ

hätäuloskäynti

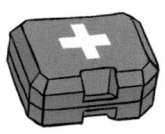

النار شاعلة

Tulipalo!

لكستانتور

palosammutin

اكسيدون

onnettomuus

فيزة تاع الاسعاف الاولي

ensiapulaukku

SOS

سلكونا

SOS

لابوليس

poliisilaitos

أوروبا

Eurooppa

أمريكا الشمالية

Pohjois-Amerikka

أمريكا الجنوبية

Etelä-Amerikka

أفريقيا

Afrikka

آسيا

Aasia

أستراليا

Australia

المحيط الأطلسي

Atlantin valtameri

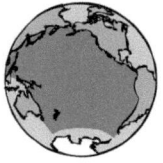

المحيط الهادي

Tyynimeri

المحيط الهندي

Intian valtameri

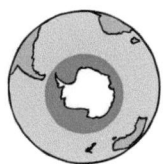

المحيط المتجمد الجنوبي

Eteläinen jäämeri

المحيط المتجمد الشمالي

Pohjoinen jäämeri

القطب الشمالي

pohjoisnapa

القطب الجنوبي

etelänapa

منطقة القطب الجنوبي

Antarktis

أرض

maa

بلاد

maa

بحر

meri

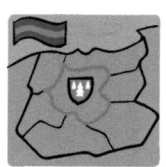

جزيرة

saari

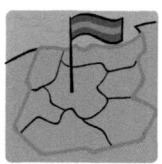

امة

kansa

دولة

osavaltio

ميناء الساعة

kellotaulu

عقرب الساعات

tuntiviisari

عقرب الدقائق

minuuttiviişari

عقرب الثواني

sekuntiviisari

شعال راها الساعة؟

Paljonko kello on?

يوم

päivä

زمن

aika

دروك

nyt

ساعة رقمية

digitaalikello

دقيقة

minuutti

ساعة

tunti

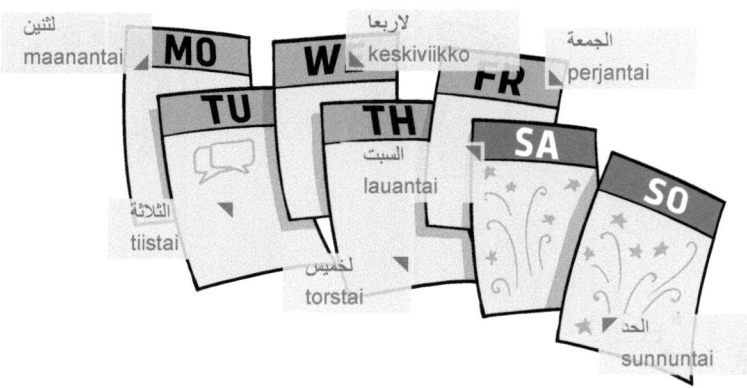

لثنين
maanantai

لاربعا
keskiviikko

الجمعة
perjantai

tiistai
الثلاثة

lauantai
السبت

torstai
لخميس

sunnuntai
الحد

لبارح
eilen

اليوم
tänään

غدوا
huomenna

صباح
aamu

القايلة
keskipäivä

العشية
ilta

MO	TU	WE	TH	FR	SA	SU
1	2	3	4	5	6	7
8	9	10	11	12	13	14
15	16	17	18	19	20	21
22	23	24	25	26	27	28
29	30	31	1	2	3	4

يامات الخدمة
työpäivät

MO	TU	WE	TH	FR	SA	SU
1	2	3	4	5	6	7
8	9	10	11	12	13	14
15	16	17	18	19	20	21
22	23	24	25	26	27	28
29	30	31	1	2	3	4

ويكاند
viikonloppu

العام

vuosi

النو
sade
قوس قزح
sateenkaari
ثلج
lumi
الريح
tuuli
الربيع
kevät
الصيف
kesä
الخريف
syksy
الشتا
talvi

4.APRIL 11°
5.APRIL 4°
6.APRIL 13°
7.APRIL 8°
8.APRIL 10°

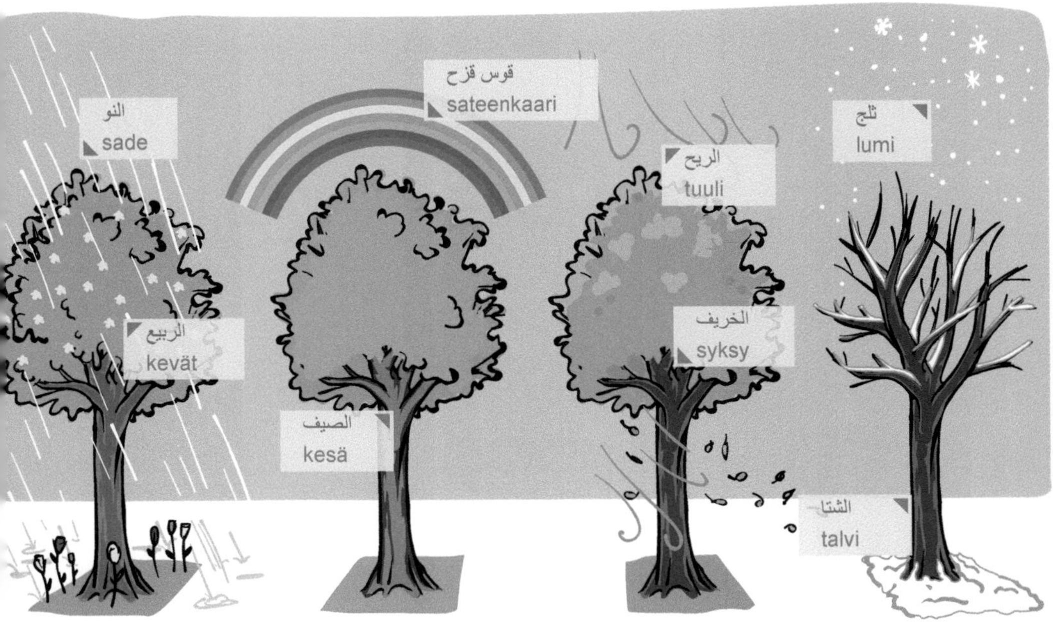

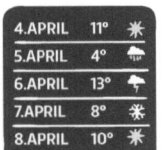

يتنبأ بالحال

sääennuste

F
C
120
90
60
30
0
-30
40
30
20
10
0
-10
-20

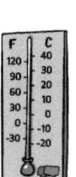

مقياس حرارة

lämpömittari

ضوء الشمس

auringonpaiste

سحابة

pilvi

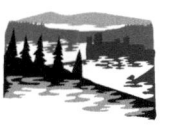

ضباب

sumu

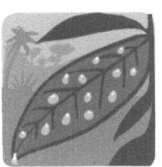

ميديتي

ilmankosteus

برق

salama

رعد

ukkonen

عاصفة

myrsky

بَرَد

rae

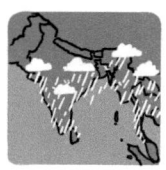

ريح

monsuuni

طوفان

tulva

جليد

jää

جانفي

tammikuu

فيفري

helmikuu

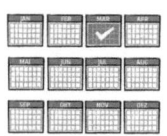

مارس

maaliskuu

افريل

huhtikuu

ماي

toukokuu

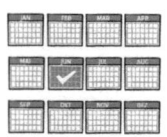

جوان

kesäkuu

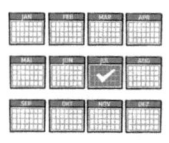

جويلية

heinäkuu

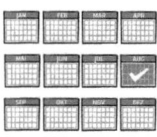

اوت

elokuu

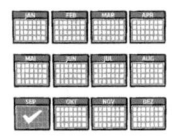

سبتّمبر

....

syyskuu

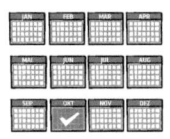

اكتوبر

....

lokakuu

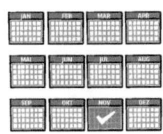

نوفمبر

....

marraskuu

ديسمبر

....

joulukuu

فورما

muodot

دويرة

....

ympyrä

مربع

....

neliö

مستطيل

....

suorakulmio

مثلث

....

kolmio

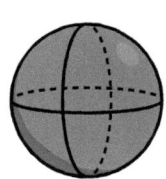

كويرة

....

pallo

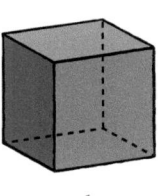

مكعب

....

kuutio

بيض

valkoinen

صفر

keltainen

تشيني

oranssi

روز

vaaleanpunainen

حمر

punainen

حلحالي

violetti

زرق

sininen

خظر

vihreä

قهوي

ruskea

قري

harmaa

كحل

musta

vastakohdat

بزاف / شوية

paljon / vähän

زعفان / مكالمي

vihainen / ystävällinen

شباب / مشي شباب

kaunis / ruma

البدية / التالي

alku / loppu

كبير / صغير

suuri / pieni

فاتح / فونسي

vaalea / tumma

خو / خت

veli / sisko

نقي / موسخ

puhdas / likainen

كامل / ناقص

täydellinen / epätäydellinen

نهار / اليل

päivä / yö

ميت / حي

kuollut / elävä

عريض / ضيق

leveä / kapea

هوكلاي شوروقدم / هوكلاي وقدي

....

syötävä / syömäkelvoton

ملاح ناس / شرير

....

paha / kiltti

لمي / يثير

....

innostunut / tylsistynyt

سمين / رقيق

....

lihava / laiha

اللولا / التالية

....

ensimmäinen / viimeinen

الصاحب / لعدو

....

ystävä / vihollinen

معمر / فارغ

....

täysi / tyhjä

قاصح / سوبل

....

kova / pehmeä

ثقيل / خفيف

....

painava / kevyt

جوع / عطش

....

nälkä / jano

مريض / صحيح

....

sairas / terve

غير شرعي / شرعي

....

laiton / laillinen

ذكي / مبوقل

....

älykäs / tyhmä

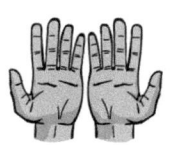

يسار / يمين

....

vasen / oikea

قريب / بعيد

....

lähellä / kaukana

جديد / مستعمل

uusi / käytetty

مكانش / شوية

ei mitään / jotain

شيباني / شاب

vanha / nuori

يشعل / يطفئ

päällä / pois päältä

محلول / مبلع

auki / kiinni

بشوية / بلفور

hiljainen / äänekäs

مرفح / زوالي

rikas / köyhä

نيشان / خاطيء

oikein / väärin

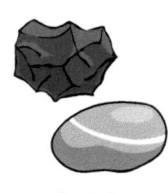

حرش / رطب

karhea / sileä

زعفان / فرحان

surullinen / iloinen

قصير / طويل

lyhyt / pitkä

بشوية / بلخف

hidas / nopea

مشمخ / ناشف

märkä / kuiva

حامي / بارد

lämmin / viileä

القيرة / لامان

sota / rauha

numerot

0	1	2
صفر	واجد	زوج
nolla	yksi	kaksi

3	4	5
تلاثة	ربعة	خمسة
kolme	neljä	viisi

6	7	8
ستة	سبعة	ثمانية
kuusi	seitsemän	kahdeksan

9	10	11
تسعة	عشرة	شعداح
yhdeksän	kymmenen	yksitoista

12

شناعت

kaksitoista

13

شطاطلت

kolmetoista

14

شطاابر

neljätoista

15

شطاطسمخ

viisitoista

16

شطاطس

kuusitoista

17

شعتطبعبس

seitsemäntoista

18

شعطانمث

kahdeksantoista

19

شطاطعاست

yhdeksäntoista

20

عشرون

kaksikymmentä

100

مية

sata

1.000

ألف

tuhat

1.000.000

مليون

miljoona

kielet

انقلي

englanti

انغلي تاع مريكان

amerikanenglanti

لغة الشنوية

mandariinikiina

الهندية

hindi

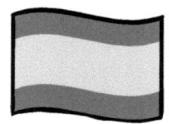

سبنيولية

espanja

الفرونسي

ranska

العربية

arabia

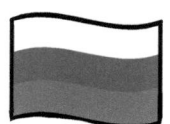

الروسية

venäjä

البوتغالية

portugali

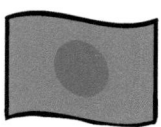

البنغالية

bengali

لالمنية

saksa

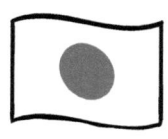

الجابونية

japani

انا

minä

نتا

sinä

هو

hän

حنايا

me

نتوما

te

هوما

he

شكون

kuka?

واش

mitä / mikä?

كيفاش

miten?

وين

missä?

وقتاش

milloin?

الاسم

nimi

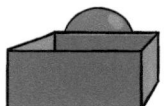

مرول

takana

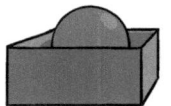

في

sisällä

قدام

edessä

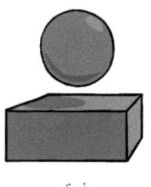

فوق

yläpuolella

على

päällä

تحت

alapuolella

حدا

vieressä

بين

välissä

بلاصة

paikka